너무 쉬운 그림 요리책
남은요리
활용사전

너무 쉬운 그림 요리책

남은요리 활용사전

김미주 지음

팜파스

prologue

큰집이었던 우리 집은 명절이나 제사 때가 되면 하루 종일 음식 만들기에 바빴다.
음식은 부족하면 안되니 항상 넉넉하게.
그리고 손님들을 빈 손으로 집에 보낼 수 없으니 또 한 번 넉넉하게.
항상 넉넉하게 음식을 하다 보니 손님치레가 끝나고 나면
냉장고에는 항상 남은 음식이 한 가득이었다.
명절이 끝나고 일주일 내내 계속해서 먹는 똑같은 나물과 전은
가족의 입맛을 지치게 만들었고 결국 남은 음식들의 종착지는 음식물쓰레기통이었다.

나이를 먹고 독립해서 자취를 하게 되면서도 이러한 상황은 계속되었다.
가끔 치킨과 피자가 너무 먹고 싶은 날이 있어 주문을 했지만
혼자 먹기에는 너무 많은 양의 배달음식은 냉장고에서 자리를 지키게 되었고
시간이 꽤 지난 후에는 역시 음식물 쓰레기봉투에 넣을 수 밖에 없었다.

    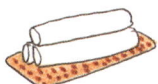 

조금 더 시간이 지나고 요리에 취미가 생기고 나서부터는
매일매일 새로운 맛을 느끼고 싶었고, 새로운 레시피를 배우고 싶었다.

그러다 자연스럽게 시작하게 되었다.
남은 음식으로 새로운 요리 만들기!
물론 가끔은 얼토당토하지 않은 요리가 나오기도 했지만
완전 새 요리 같은 아주 맛있는 레시피도 톡톡 튀어나오곤 했다.

이 책은 내가 그 동안 만들어보았던 남은 요리레시피 중
가장 실용적이고 맛있었던 레시피들만 수록되어 있다.
별 것 아닐 수도 있겠지만 남은 요리에 은근한 스트레스를 받는
싱글족과 주부들에게 도움이 될 것이다.

내가 그린 그림요리로 많은 사람들이 즐거워지길 바라며!

- 어젯밤달 김미주

contents

프롤로그 • 4

파트 원
시킬 땐 몰랐지, 네가 남을 줄

1 치킨의 깔끔한 변신

★ 남은 치킨 보관법 • 13
❶ 치킨으로 깔끔한 입가심하기 **치킨월남쌈** • 14
❷ 귀차니즘에 빠진 당신, 간단한 야매요리가 필요해 **치킨또띠아롤** • 16
❸ 이국적인 매콤한 맛 **치킨퀘사디아** • 18
❹ 빵 하나만 바꿨을 뿐인데! **치킨샌드위치** • 20
❺ 소문난 그 메뉴의 홈메이드 레시피 **치킨마요덮밥** • 22
❻ 맛과 향을 동시에 잡았다 **치킨카레볶음밥** • 24
❼ 평범하지만 특별한 싱글 레시피 **파닭달걀볶음밥** • 26
❽ 치킨과 우동의 환상적인 만남 **치킨데리야끼 볶음우동** • 28

2 난 더 이상 느끼하지 않아! 중국요리

★ 남은 탕수육 보관법 • 31
❶ 떡볶이에도 취향은 있다 **짜장떡볶이** • 32
❷ 특별한 맛을 즐기는 그대에게 **칠리탕수육** • 34
❸ 느낌 있는 만두 요리 **깐풍군만두** • 36
❹ 한여름 밤의 야식 **비빔군만두** • 38
❺ 볶음밥의 건강한 변신 **양배추 볶음밥쌈** • 40

3 족발/보쌈, 다시 새롭게 태어나다

★ 남은 족발 보관법 • 43
❶ 색다르게 먹는 야식의 왕 **족발전** • 44
❷ 얼얼한 매콤한 맛에 중독되다 **족발볶음** • 46
❸ 한 접시 요리로 다시 태어난 족발 **족발냉채** • 48
❹ 집에서 즐기는 외식 요리 **보쌈동파육** • 50
❺ 속 든든한 한 그릇 요리 **보쌈쪽파덮밥** • 52

파트 투 엄마의 큰 손에 대처하는 우리의 자세

1 처음 느낌 그대로 나물

★ 남은 나물 보관법 · 57
❶ 식감이 매력적이야! **나물달걀말이** · 58
❷ 비가 오면 생각나는 부침개의 새로운 레시피 **나물부침개** · 60
❸ 편식과 잠시 이별하는 아이디어 나물 요리 **나물김밥** · 62
❹ 왠지 건강한 맛, 색다른 쌈밥 **나물깻잎쌈밥** · 64
❺ 우리 제법 잘 어울려요 **나물피자** · 66

2 입맛 도는 고소함을 그대로 전

★ 남은 전 보관법 · 69
❶ 홈메이드 수제 미니버거 **동그랑땡버거** · 70
❷ 오늘은 색다르게 먹자 **두부전피자** · 72
❸ 값비싼 고영양 볶음밥 **산적볶음밥** · 74
❹ 투박하지만 매력적인 맛있는 한 그릇 **전부대찌개** · 76

3 모양은 그대로, 맛은 새롭게 잡채

★ 남은 잡채 보관법 · 79
❶ 추억의 맛에 색다른 맛 추가하기 **잡채달걀말이전** · 80
❷ 자꾸 손이 가는 매콤한 한 끼 식사 **매운잡채밥** · 82
❸ 잡채의 변신은 무죄 **잡채그라탕** · 84
❹ 네 속을 보여줘! **잡채만두** · 86

4 꿀떡꿀떡 맛있는 소리 떡

★ 남은 떡 보관법 · 89
❶ 오랜만에 맛보고 싶은 그때 그 맛 **가래떡맛탕** · 90
❷ 돌돌 말아먹는 간편한 핑거푸드 **떡베이컨말이꼬치** · 92
❸ 입안에서 톡 터지는 달콤한 맛 **꿀떡 떡볶이** · 94

파트 쓰리 — 주전부리의 색다른 변신

1 나의 허기를 달래준 오랜 친구 김떡순

★ 남은 분식 보관법 • 99
❶ 식은 김밥 다시 보기 **김밥전** • 100
❷ 김밥, 한 그릇 요리로 다시 태어나다 **김밥볶음밥** • 102
❸ 혼자서도 맛있게 먹는 매운 양념 볶음밥 **떡볶이 볶음밥** • 104
❹ 방금 만든 듯 정성스러운 한 상 **순대전 깻잎쌈** • 106
❺ 순대를 이용한 사소한 레시피 **순대볶음** • 108

2 더욱 바삭, 고소하게 튀김/어묵

★ 남은 튀김 보관법 • 111
❶ 치맥만큼 매력적인 홈메이드 안주 **고구마치즈프라이** • 112
❷ 간식을 부탁해! **고구마튀김맛탕** • 114
❸ 분식집 튀김의 세련된 변신 **크림새우튀김** • 116
❹ 알록달록 분식점의 추억을 담은 레시피 **튀김탕수** • 118
❺ 추운 겨울, 쉼이 되어주는 레시피 **어묵우동** • 120

3 눅눅해진 빵의 부드러운 변신 빵

★ 남은 식빵 보관법 • 123
❶ 마늘빵이 좋아! **마늘바게트** • 124
❷ 밥보다 피자 **바게트소시지피자** • 126
❸ 파티에 어울리는 정말 쉬운 핑거푸드 **식빵부르스케타** • 128
❹ 손이 가요, 손이 가 **식빵러스크** • 130
❺ 달콤한 파이 향이 가득한 하루 **식빵애플파이** • 132
❻ 혼자서도 맛있게 먹는 브런치 **식빵푸딩** • 134

1 치킨의 깔끔한 변신

2 난 느끼하지 않아! 중국요리

3 족발/보쌈, 다시 새롭게 태어나다

— 파트 원 —

시킬 땐 몰랐지, 네가 남을 줄

배달편

어른이 되고 가장 하고 싶은 일 중 하나는
남들 눈치보지 않고 내가 하고 싶은 대로 하루 보내기.
우선, 한가로이 바람 부는 공원에서 대낮부터 치맥 먹기.

배달편

1
치킨의
깔끔한 변신

남은 **치킨 보관법**

1 치킨을 식힌다.
2 밀폐용기에 키친타월을 깔아준다.
3 치킨을 넣고 키친타월로 덮어준다.
4 냉장실에 보관한다.

* 양념치킨은 전자레인지에 2분 정도 돌려 기름과 습기를 뺀 뒤 보관해준다.

1 치킨으로 깔끔한 입가심하기

치킨월남쌈

야채가 듬뿍 들어 있어 아삭아삭 씹는 맛이 좋은 월남쌈,
남은 치킨이라고 상상하기 힘들 정도로 상큼한 맛과 향이 입안 가득 퍼진다.

재료

 치킨 70g    라이스페이퍼 7장    파프리카 1/2개    깻잎 7장    대파 1/2개

 만드는 법

치킨을 손으로 잘게 찢어준다.

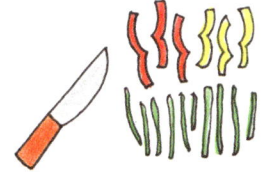
파프리카와 대파는 얇게 채 썰어준다.

물에 10초 동안 담가 흐물흐물해진 라이스페이퍼에 깻잎과 재료들을 올린다.

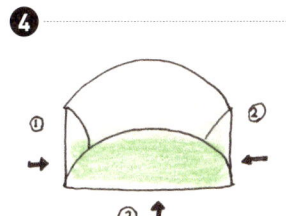
라이스페이퍼를 순서대로 접어 돌돌 말아준다.

먹기 좋은 크기로 그림처럼 자른다.

완성! 피시소스나 땅콩소스에 찍어 먹는다.

치킨의 깔끔한 변신

2 귀차니즘에 빠진 당신, 간단한 야매요리가 필요해

치킨또띠아롤

가끔 누군가를 위해 도시락을 싸야 하는 날이 있다.
손이 많이 가고 신경을 꽤 써야 하는 만큼 어떤 요리를 해야 할지 고민에 빠지기 일쑤!
이럴 땐 남은 치킨을 이용해 맛있는 피크닉 도시락을 만들어보자.

재료

치킨 30g / 또띠아 / 양상추 10g / 파프리카 1/4개 / 케첩 / 허니머스타드

만드는 법

❶
양상추는 넓게 자르고 파프리카와 치킨은 길게 잘라준다.

❷
또띠아는 기름 없이 팬에 살짝 구워준다.

❸
또띠아 위에 양상추와 파프리카, 치킨을 올려준다.

❹
케첩과 허니머스타드 소스를 뿌려준다.

❺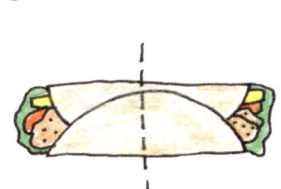
돌돌 말아 먹기 좋은 크기로 잘라준다.

❻
완성! 양상추 대신 샐러드용 야채나 새싹야채를 이용해도 좋다.

3 이국적인 매콤한 맛
치킨퀘사디아

평범한 저녁을 풍요롭게 만들어줄 독특한 메뉴, 퀘사디아
멕시코에서 넘어온 퀘사디아를 집에 있는 재료를 이용해 간단히 만들어보자.
간단한 안주로도, 기분 내기에도 좋은 근사한 요리가 될 것이다.

재료

>>> 치킨 50g　　옥수수콘 30g　　피자치즈　　양파 1/4개　　파프리카 1/4개　　또띠아

소스

>>> 칠리소스 6스푼　　케첩 3스푼

만드는 법

❶

치킨과 양파, 파프리카를 적당한 크기로 깍둑 썰어준다.

❷

달궈진 팬에 치킨, 파프리카, 양파, 옥수수콘을 넣고 볶다가 소스를 넣고 볶아준다.

❸

또띠아 → 모짜렐라 치즈 → ❷번의 치킨소스 → 모짜렐라 치즈 → 또띠아 순으로 올려준다.

❹

150도 오븐에서 15분 동안 구워 먹기 좋은 크기로 잘라준다.

❺

완성! 오븐이 없다면 마른 팬에서 뚜껑을 닫고 약한 불로 치즈가 녹을 때까지 익혀준다.

4 빵 하나만 바꿨을 뿐인데!
치킨샌드위치

씹을수록 쫄깃한 맛이 매력적인 빵 치아바타
이 치아바타를 이용해 절대 실패하지 않는 샌드위치를 만들어보자.
꼭 치킨이 아니라 햄이나 불고기를 넣어도 맛있는 깔끔한 치아바타샌드위치

재료
 치킨 100g
 치아바타빵
 토마토 1/2개
 양상추
 허니머스타드

 만드는 법

❶

치아바타 빵을 반으로 나누어 허니머스타드를 얇게 펴 발라준다.

❷

치킨과 양상추는 얇게 찢어준다.

❸

토마토를 얇게 슬라이스 해준다.

❹

빵 사이에 치킨과 양상추, 토마토를 넣어준다.

❺

완성! 치아바타 대신 다른 빵을 활용해도 좋다.

5 소문난 그 메뉴의 홈메이드 레시피

치킨마요덮밥

이미 입소문 날 대로 난 유명 도시락 체인점의 인기 메뉴 치킨마요덮밥
간단한 한 그릇 덮밥이지만 맛있기로 이미 소문이 자자하다.
어젯밤 먹고 남은 작은 양의 치킨과 간단한 소스를 응용해 직접 간단하게 만들어보자.

재료 >>> 순살치킨 60g 달걀 1개 마요네즈 **소스** >>> 간장 4스푼 미림 3스푼 설탕 1스푼

❶

달걀은 지단을 만들어 얇게 채 썰어준다.

❷

그릇에 밥 한 공기를 담고 달걀 지단과 순살치킨을 올려준다.

❸

입맛에 맞게 데리야끼소스와 마요네즈를 뿌려준다.

❹

완성! 밥과 소스를 쓱쓱 비벼 먹으세요!

치킨의 깔끔한 변신

6 맛과 향을 동시에 잡았다
치킨카레볶음밥

그냥 먹어도 맛있는 치킨과 그 존재 자체만으로도 훌륭한 카레가루가 만났다!
가볍게 한 끼를 해결할 수 있는 그야말로 딱 좋은 레시피.
절대 맛없을 수가 없는 치킨과 카레의 만남!

재료

치킨 50g · 양파 1/4 · 피망 1/4개 · 카레가루 · 다진 마늘 · 간장 · 케첩

만드는 법

❶

양파, 피망, 치킨을 볶음밥용으로 잘라준다.

❷

기름을 두른 팬에 다진 마늘 한 스푼을 볶다가 야채와 치킨을 넣고 볶아준다.

❸

야채가 익으면 카레가루 3스푼과 케첩 1스푼을 넣어 섞어준다.

❹
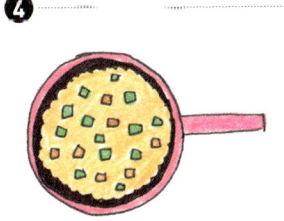
밥을 넣어 섞고 모자라는 간은 간장으로 맞춘다.

❺

완성! 입맛에 따라 케첩으로 간을 조절한다.

7 평범하지만 특별한 싱글 레시피

파닭달걀볶음밥

식은 밥과 달걀, 어제 먹다 남은 치킨만 있다면 누구나 할 수 있는 요리, 파닭달걀볶음밥
평범할 수 있는 볶음밥에 파의 알싸한 맛이 더해져 특별한 맛을 자아낸다.
간식뿐만 아니라 한 끼 식사로도 거뜬하다.

재료

 치킨 50g
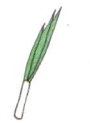 대파 1개
 달걀 2개
 굴소스

 만드는 법

1

파는 얇게 어슷 썰고, 치킨은 볶음밥용으로 잘라준다.

2

달걀 2개를 깨서 소금간을 살짝 하고 잘 풀어준다.

3

식은 밥 한 그릇을 달걀물에 넣고 잘 저어준 다음 15분 이상 불려준다.

4

기름을 두른 팬에 다진 마늘 한 스푼과 파, 치킨을 넣고 볶아준다.

5

파가 익으면 달걀물에 불려진 밥을 넣고 센불에서 볶다 굴소스로 간을 해준다.

6

완성! 먹고 남은 파닭의 파와 순살 치킨를 이용하면 더 편하게 만들 수 있다.

치킨의 깔끔한 변신

8 치킨과 우동의 환상적인 만남

치킨데리야끼 볶음우동

뜨거운 국물이 아닌 색다른 우동요리를 먹고 싶다면?
남은 치킨과 냉장고 속 여러 가지 야채 그리고
오동통한 우동면을 데리야키소스에 달달 볶아 고소한 치킨볶음우동을 만들어보자!

재료

>>> 순살치킨　우동면　피망　양배추　가쓰오부시

소스

>>> 간장 4스푼　미림 4스푼　설탕 1스푼

만드는 법

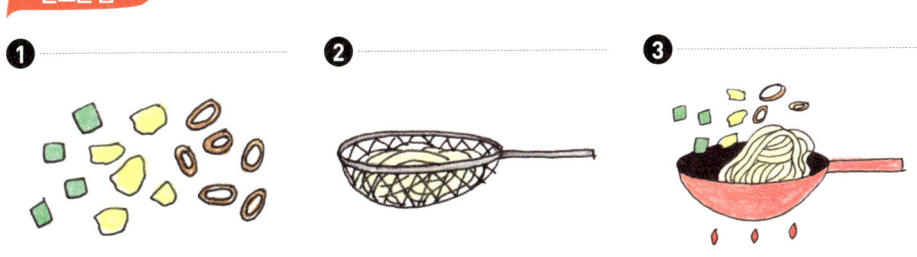

1 피망, 양배추, 치킨을 한 입 크기로 잘라준다.

2 우동면을 살짝 데쳐준다.

3 기름을 살짝 두른 팬에 야채와 면을 넣고 센불에서 1분간 볶아준다.

4 데리야끼소스를 부어 간이 배도록 조금 더 볶아준다.

5 완성! 면이 익으면 가쓰오부시를 올려 먹는다.

누구에게나 짜장면에 얽힌 추억은 있다고 하지만
아쉽게도 나에겐 짜장면에 대한 추억이 없다.
그래서 추억을 만들기 위해 오늘도 한 그릇,
"아저씨, 여기 짜장면 한 그릇이요."

배달편

2
난 더 이상 느끼하지 않아! 중국요리

남은 탕수육 보관법

1 소스가 묻지 않은 탕수육만 골라낸다.
2 밀폐용기에 키친타월을 깔고 탕수육을 넣는다.
3 냉장실에 넣어준다.
4 소스는 따로 냉장고에 보관하고 먹을 때 전자레인지에 데워 먹는다.

* 탕수육은 일주일 정도 보관할 수 있다.

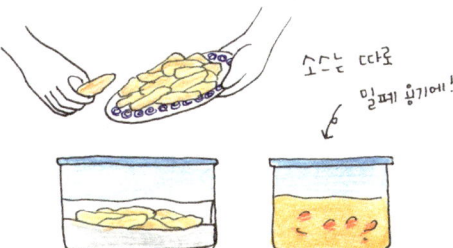

소스는 따로 밀폐 용기에!

1 떡볶이에도 취향은 있다
짜장떡볶이

흔하지만 진짜 맛있게 하기는 어려운 떡볶이 요리,
진짜 맛있는 떡볶이집의 비밀은 짜장소스가 들어간다는 사실!
간짜장을 먹고 남은 짜장소스를 아주 조금만 이용해 정말 맛있는 떡볶이를 만들어보자.

재료

>>> 짜장소스 90g   떡볶이 떡 200g   양배추   양파

 양념장

>>> 고추장 1스푼   다진 마늘 1스푼   물엿 2스푼

❶

양배추와 양파를 먹기 좋은 크기로 잘라준다.

❷

양념장과 물 한 컵을 넣고 끓여준다.

❸

국물이 끓으면 떡과 양배추, 양파를 넣고 졸여준다.

❹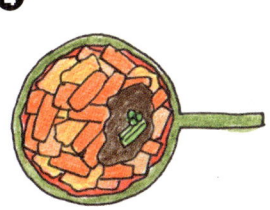

국물이 줄어들기 시작하면 짜장소스를 섞어가며 졸여준다.

❺

국물이 자작해지면 고춧가루 2스푼을 넣어 섞어준다.

❻

완성! 만두나 어묵을 넣어보세요.

2 특별한 맛을 즐기는 그대에게
칠리탕수육

남은 탕수육을 어떻게 먹으면 맛있을까 고민하다 만들게 된 칠리탕수육
칠리소스를 넣어 평소와는 다른 새콤매콤한 맛이 나는 게 특징!
간단한 소스를 이용해 어제 먹은 탕수육과는 다른 새로운 맛을 음미할 수 있다.

| 재료 | 탕수육 160g | 파프리카 1/4개 | 양파 1/4개 | 소스 | 칠리소스 10스푼 | 케첩 3스푼 | 고추기름 1스푼 |

만드는 법

❶ 파프리카와 양파를 한 입 크기로 잘라준다.

❷ 기름을 두른 팬에 탕수육을 볶아준다.

❸ 탕수육이 바삭해지면 준비한 소스와 야채를 넣고 빠르게 볶아준다.

❹ 완성! 새콤매콤한 소스를 듬뿍 찍어 먹는다.

3 느낌 있는 만두 요리

깐풍군만두

서비스 군만두를 고급스럽게 즐기는 방법!
유명 텔레비전 프로그램에도 소개된 메뉴인 이 깐풍만두는
간단한 소스 하나로 비싼 중국집에 온 것 같은 착각을 만들어준다.

>>> 군만두   파프리카 1/4개   양파 1/4개

>>> 굴소스 1스푼   물엿 2스푼   식초 2스푼   고추기름 2스푼

만드는 법

❶

군만두는 살짝 구워 키친타월에 올려 기름을 뺀 후 접시에 담아둔다.

❷

파프리카와 양파를 다져준다.

❸

팬에 다진 야채를 넣고 볶다 반쯤 익으면 깐풍소스를 넣고 끓여준다.

❹

소스를 만두 위에 부어 먹는다.

❺

완성! 냉동만두를 이용해서 만들어도 맛있다.

4 한여름 밤의 야식
비빔군만두

더운 열대야가 지속되는 밤 야식 메뉴로 그야말로 훌륭한 레시피!
배는 고프고, 시원한 요리가 먹고 싶고 딱히 먹을 건 없을 때
맥주와 함께한다면 더욱 상큼한 매콤달콤한 비빔군만두!

재료 >>>  군만두    양배추 40g    파프리카 1/4개

비빔장 >>>  고추장 1스푼    식초 1스푼    오렌지주스 3스푼   다진 마늘 1스푼    참기름 1스푼

만드는 법

1
깻잎, 양배추, 파프리카를 채 썰어 접시에 깔아준다.

2
기름을 뺀 군만두를 올려준다.

3
비빔장을 올려준다.

4
완성! 야채와 함께 비벼 먹는다.

5 볶음밥의 건강한 변신

양배추 볶음밥쌈

맛있는 아이디어를 입은 특별한 볶음밥
몸에 안 좋을 것 같은 중국집 볶음밥을 건강에 좋은 양배추를 이용해 웰빙 느낌이 나게 변신시키자.
양배추에 돌돌 말아 새롭게 탄생한 특별한 볶음밥!

>>> 중국집 볶음밥   양배추

❶

양배추의 가운데 심을 제거하고 한 장씩 떼어내 찜기에 차곡차곡 담아 준다.

❷

약 15분 동안 찐 다음 찬물에 씻어 물기를 빼준다.

❸

볶음밥을 동그랗게 말아 올려 쌈을 만들어준다.

❹

양배추 쌈밥에 중국집 볶음밥의 짜장소스를 올려 먹는다.

❺

완성! 짜장소스 대신 쌈장을 올려 먹어도 맛있다.

족발을 처음 먹은 건 25살이 넘어서였다.
왠지 '발'이라고 생각하니 먹기가 어려웠기 때문이다.
하지만 지금은 가장 즐기는 음식 중 하나이다.
역시, 모든 것은 처음이 어렵다.

배달편

3
족발/보쌈,
다시 새롭게 태어나다

남은 족발 보관법

1 지퍼백에 진공상태로 넣어준다.
2 냉장실에서는 3~4일, 냉동실에서는 2~3개월 보관이 가능하다.
3 냉동한 족발을 다시 먹을 때는 김이 오른 찜통에 20분간 쪄준다.
* 보관한 족발에서 냄새가 난다면 위험하니 바로 버리는 게 좋다.

1 색다르게 먹는 야식의 왕
족발전

쫀득쫀득한 식감으로 늦은 밤 우리를 유혹하는 족발!
물론 차갑게 식혀 나오는 쫄깃한 맛도 일품이지만
달걀을 묻혀 데운 족발전은 그냥 먹을 때보다 더욱 쫄깃쫄깃한 맛을 느낄 수 있다.

>>> 족발 200g   부침가루   달걀

만드는 법

①
족발의 앞뒤로 부침가루를 얇게 묻혀준다.

②
달걀옷을 입혀 앞뒤로 노릇노릇 구워준다.

③
키친타월에 올려 기름을 뺀 후 먹는다.

④
완성! 초장에 찍어 먹거나 야채에 싸 먹어도 맛있다.

2 얼얼한 매콤한 맛에 중독되다

족발볶음

언제부턴가 유행한 매운 족발!
남은 족발만 있다면 집에서도 충분히 해먹을 수 있는 손쉬운 요리이다.
주먹밥을 함께 먹는다면 한 끼 저녁식사로도 훌륭하다.

재료

>>> 족발 500g　　양파 1/2개　　마늘 3개　　청양고추 2개

양념장

>>> 고추장 1½스푼　　물엿 2스푼　　굴소스 1스푼　　다진 마늘 1/2스푼　　고춧가루 2스푼

만드는 법

①
기름을 두르고 슬라이스 한 마늘을 볶아준다.

②
마늘 향이 올라오면 얇게 썬 양파를 볶아준다.

③
양파가 투명해지면 족발과 양념장을 넣고 빠르게 볶아준다.

④
불을 끄고 어슷 썬 청양고추와 버무려준다.

⑤
완성! 주먹밥이나 달걀찜과 함께하면 더욱 맛있게 먹을 수 있다.

족발/보쌈, 다시 새롭게 태어나다

3 한 접시 요리로 다시 태어난 족발

족발냉채

여름에 특히 당기는 냉채요리!
톡 쏘는 연겨자 소스와 쫄깃한 족발의 식감이 더해져 입맛을 자극한다.
아삭아삭한 생야채를 듬뿍 깔아 상큼한 맛을 즐겨보자!

재료 >>> 족발 200g 파프리카 1/2개 양배추 40g 깻잎 약간

소스 >>> 연겨자 2½스푼 식초 2스푼 간장 1스푼 다진 마늘 1/2스푼 설탕 1스푼 물 2스푼

만드는 법

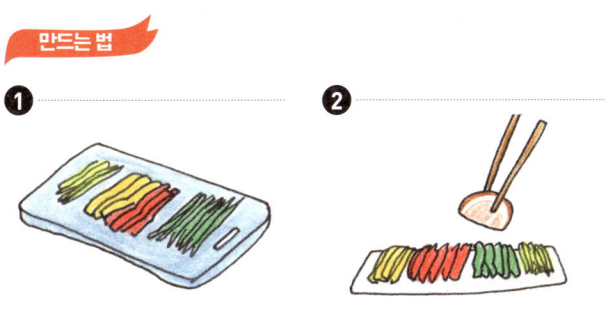

1 파프리카, 양배추, 깻잎을 얇게 채 썰어준다.

2 그릇에 야채와 차갑게 식힌 족발을 올려준다.

3 연겨자소스를 올려준다.

4 완성! 취향에 따라 오이나 사과를 곁들여 먹으면 더 맛있다.

4 집에서 즐기는 외식 요리

보쌈동파육

중국을 대표하는 요리 중 하나인 동파육!
소스 레시피와 남은 보쌈만 있다면 집에서도 충분히 그 맛을 재현할 수 있다.
남은 보쌈이라곤 상상할 수 없는 고급스러운 맛이 이색적인 맛을 자아낸다.

재료

보쌈 150g   청경채 70g   대파   전분가루

양념장

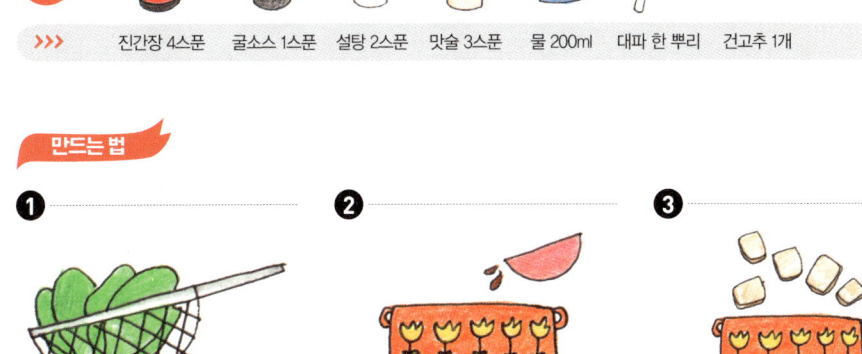

진간장 4스푼   굴소스 1스푼   설탕 2스푼   맛술 3스푼   물 200ml   대파 한 뿌리   건고추 1개

만드는 법

❶

청경채는 끓는 물에 약 1분 정도 데쳐준다.

❷

냄비에 조림양념을 넣고 끓여준다.

❸

양념이 끓기 시작하면 불을 줄이고 보쌈을 넣은 후 약한 불에서 졸여준다.

❹

그릇에 데친 청경채와 보쌈동파육을 함께 올려준다.

❺

남은 조림양념에 전분물(전분 2스푼+물 1스푼)을 넣고 끓여 걸쭉해지면 동파육 위에 끼얹어준다.

5 속 든든한 한 그릇 요리
보쌈쪽파덮밥

반찬이 전혀 필요 없는 일품 덮밥요리, 보쌈쪽파덮밥!
느끼할 수도 있는 보쌈덮밥에 쪽파의 알싸한 맛을 더해
남녀노소 모두가 맛있게 먹을 수 있는 든든한 가정식 덮밥이다.

재료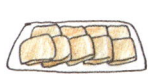

>>> 보쌈 70g   쪽파 2대   양파 1/4개

양념장

>>> 간장 5스푼   미림 2스푼   설탕 2스푼   물 1컵   통마늘 5개

만드는 법

❶
쪽파와 양파를 얇게 썰어준다.

❷
냄비에 조림양념과 양파를 넣고 끓여준다.

❸
양념이 끓기 시작하면 불을 줄이고 보쌈을 넣은 후 약한 불에서 졸여준다.

❹
그릇에 밥과 쪽파를 올리고 졸여진 보쌈을 올린 다음 남은 소스를 취향대로 부어준다.

❺
완성! 쪽파의 양은 취향에 따라 조절한다.

1 처음 느낌
그대로
나물

2 입맛 도는
고고함을 그대로
전

3 모양은 그대로,
맛은 새롭게
잡채

4 꿀떡꿀떡
맛있는 소리
떡

— 파트 투 —
엄마의 큰 손에 대처하는 우리의 자세

명절편

종종 식탁에 올라왔던 참 평범한 반찬, 나물.
나이가 먹어갈수록 나물의 참맛을 알게 되는 건
평범함이 주는 소중함을 깨달아가는 것과 비슷할까.

명절편

1
처음 느낌 그대로
나물

남은 나물 보관법

1 각각의 나물을 따로따로 나누어 밀폐용기에 넣어준다.
2 냉장실에서 3일 정도 보관이 가능하다.
* 나물을 냉동실에 보관하는 것은 잘못된 방법이다.

1 식감이 매력적이야!
나물달걀말이

남은 명절 음식에도 지쳐갈 때
남은 나물을 이용해 아주 간단하게 만들어 먹는 새로운 나물요리!
매력적인 식감을 지녀 밥 반찬, 안주로도 인기가 많은 아이디어 메뉴이다.

재료

>>> 나물(고사리/시금치) 60g   달걀 3개

만드는법

❶
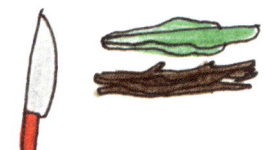
나물을 다져준다.

❷

달걀을 곱게 풀고 다진 나물을 섞어준다.

❸

팬에 달걀물을 붓고 반 이상 익으면 가장자리부터 말아가며 모양을 잡아준다.

❹

먹기 좋은 크기로 잘라준다.

❺

완성! 나물에 양념이 되어 있기 때문에 따로 간을 하지 않는 것이 좋다.

처음 느낌 그대로 - 나물

2 비가 오면 생각나는 부침개의 새로운 레시피

나물부침개

들어가는 재료가 무엇이든 맛있는 부침개 요리!
나물을 종류별로 듬뿍 넣어 각각의 맛과 식감을 살리면
파전과 부추전에 절대 지지 않는 새로운 맛의 부침개 완성!

재료

>>> 나물(고사리/시금치) 60g　　　양파 1/4개　　　부침가루

만드는 법

 ❶

나물은 엉키지 않도록 가위로 잘라주고, 양파는 얇게 슬라이스 한다.

 ❷

부침가루와 물을 섞어 반죽을 만들어준다.

 ❸

자른 나물을 반죽에 섞어준다.

❹

기름을 두른 팬에 앞뒤로 노릇노릇 구워준다.

❺

완성! 간장에 찍어 먹는다.

3 편식과 잠시 이별하는 아이디어 나물 요리

나물김밥

연휴 동안 똑같은 명절 요리에 지친 아이들을 위해 만들어주기 좋은 간식
야채를 싫어하는 아이들도 눈속임에 깜빡 넘어가 맛있게 먹을 수 있는 김밥
남은 나물도 처리하고, 편식하는 아이에게 야채를 먹이는 기특한 레시피!

재료

나물(고사리/시금치/무)   달걀   단무지   게맛살   김밥용 김

밥 양념

참기름 2스푼   설탕 1/2스푼   소금 약간

만드는 법

❶
뜨거운 밥에 밥 양념을 해서 버무린 뒤 살짝 식혀준다.

❷
달걀은 약한 불로 얇게 지단을 부쳐 곱게 채 썰어준다.

❸
김 위에 밥을 고루 펴 올린 뒤 모든 재료를 가지런히 올려준다.

❹
꼭꼭 누르며 돌려 말아준다.

❺
먹기 좋은 크기로 자르면 완성!

처음 느낌 그대로 - 나물

4 왠지 건강한 맛, 색다른 쌈밥
나물깻잎쌈밥

남아도는 밥과 아직도 많이 남은 나물,
양념만 간단히 하고 조물조물 섞어 깻잎에 싸 먹어보자.
우리 집만의 비법으로 만든 맛있는 쌈장이 있다면 더욱 최고!

재료

>>> 나물(고사리/시금치/무) 60g   깻잎   고추장   참기름

만드는법

❶ 깻잎은 뜨거운 물에 살짝 데쳐 물기를 빼서 준비해둔다.

❷ 각종 나물들을 잘게 다져준다.

❸ 밥에 다진 나물과 참기름 1½스푼을 넣고 버무려준다.

❹ 데친 깻잎에 밥을 올리고 동그랗게 감싸준다.

❺ 고추장을 찍어 올리면 완성!

처음 느낌 그대로 - 나물

5 우리 제법 잘 어울려요
나물피자

전혀 어울릴 것 같지 않은 나물과 피자의 조합!
가끔은 이런 어색한 조합이 특별한 맛을 자아내기도 한다.
값비싼 웰빙 피자를 먹는 것 같은 담백한 맛, 나물의 세련된 변신!

재료

 나물(시금치/고사리) 120g
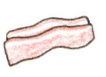 베이컨 2장
 양파 1/4개
 피자치즈
 또띠아
 스파게티소스

만드는 법

1

나물과 베이컨은 잘게 자르고 양파는 얇게 슬라이스 해준다.

2
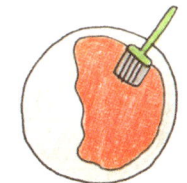
또띠아 위에 스파게티 소스를 얇게 펴 발라준다.

3

나물과 양파, 베이컨을 올리고 피자치즈를 듬뿍 올려준다.

4

180도 오븐에서 15분간 돌려준다.

5

완성! 스파게티소스는 토마토소스나 시판용 피자소스로 대체 가능하다.

유난히 빗소리가 맛있게 들리는 날.
비 오는 날 전이 유난히 먹고 싶은 까닭은
빗소리와 전 부치는 소리가 비슷하기 때문이란다.

명절편

2
입맛 도는
고소함을 그대로
전

남은 전 보관법

1 밀폐용기나 지퍼백에 넣어 냉동 보관한다.
2 다시 노릇한 전이 먹고 싶다면 상온에서 해동 후 기름을 두르지 않은 팬에서 살짝 구워준다.
* 전은 냉장보관하면 수분이 빠져나가 딱딱해지고 냄새가 난다.

1 홈메이드 수제 미니버거
동그랑땡버거

혼자 간단하게 한 끼를 해결하기에 가장 좋지만, 집에서 만들어 먹기엔 조금 부담스러운 햄버거
남은 동그랑땡을 패티로 이용해 내 취향의 재료를 넣어 나만의 버거를 만들어보자!
건강하고 맛있는 나만의 홈메이드 미니버거!

재료 >>> 동그랑땡　모닝빵　양상추　파프리카　슬라이스 치즈　케첩

만드는 법

1

파프리카와 양상추를 적당한 크기로 잘라준다.

2

모닝빵을 반으로 잘라 한쪽 면에 케첩을 발라준다.

3

동그랑땡과 치즈, 양상추, 파프리카를 빵 사이에 끼워준다.

4

흐트러지지 않도록 고정시켜주면 완성!

2 오늘은 색다르게 먹자
두부전피자

밀가루 도우, 아니면 얇은 화덕피자
오늘만큼은 담백한 두부를 이용해 건강한 피자를 먹어보자!
똑같은 피자여도 왠지 건강하고 특별한 느낌!

재료

두부전 3개   비엔나소시지 5개   양파 1/4개   스파게티소스

 **만드는 법**

 ❶

비엔나소시지와 양파를 얇게 슬라이스 해준다.

 ❷

두부전 위에 스파게티소스를 얇게 펴 발라준다.

 ❸

소시지와 파프리카를 올리고 피자치즈를 듬뿍 뿌려준다.

 ❹

180도 오븐에서 20분간 돌려준다.

 ❺

완성! 두부전은 잘 부서지니 포크를 이용해서 먹는 것이 좋다.

입맛 도는 고소함을 그대로 - 전

3 값비싼 고영양 볶음밥
산적볶음밥

그 좋은 소고기와 야채를 듬뿍 꽂고 맛있게 지져냈지만
명절이 지나고 나니 찬밥신세가 되어버린 산적!
다양한 재료가 들어 있는 점을 이용해 맛있는 볶음밥을 만들어보자.

재료

>>> 　　　　산적　　　달걀　　　간장

만드는 법

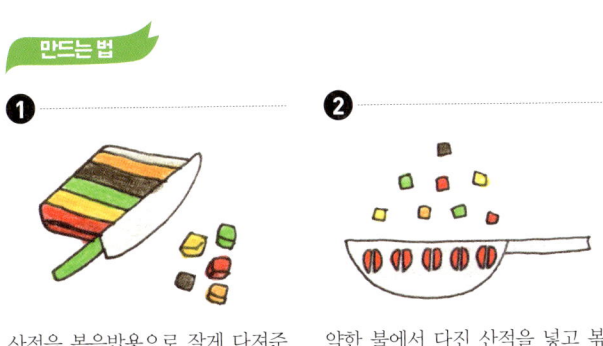

❶ 산적을 볶음밥용으로 잘게 다져준다.

❷ 약한 불에서 다진 산적을 넣고 볶아준다.

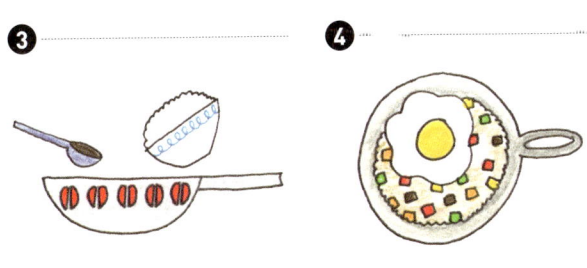

❸ 산적이 익으면 밥 한 공기와 간장 1스푼을 넣고 센불에 볶아준다.

❹ 그릇에 옮겨 담고 반숙으로 만든 달걀프라이를 올려주면 완성!

입맛 도는 고소함을 그대로 - 전

4 투박하지만 매력적인 맛있는 한 그릇

전부대찌개

남은 전을 한꺼번에 해결해주는 고마운 요리,
어디에서나 쉽게 접할 수 있는 익숙한 맛이지만
다양한 종류의 전이 들어가 깊고 얼큰한 맛이 일품이다.

재료

>>> 모둠 전(버섯/두부/동그랑땡/호박)   배추김치 100g   양파 1/4개   대파   홍고추 1/2개

 양념장

>>> 간장 2스푼   맛술 1스푼   다진 마늘 1스푼   고춧가루 3스푼

만드는 법

①

양파와 배추김치는 한 입 크기로 썰어주고, 대파와 홍고추는 어슷 썰어준다.

②

냄비에 물과 양념장을 넣어준다.

③

배추김치, 양파, 대파, 홍고추를 넣고 중간불에서 끓여준다.

④

끓어오르면 약한불로 줄이고 전을 넣은 후 한소끔 더 끓여준다.

⑤

완성! 쑥갓을 넣으면 더욱 칼칼한 맛을 즐길 수 있다.

입맛 도는 고소함을 그대로 - 전

나의 고향에서는 분식점에서 잡채를 판다.
당면밖에 없고 설탕이 듬뿍 들어간 자극적인 맛이지만
어떤 날에는 그 잡채가 유난히 먹고 싶다.

명절편

3
모양은 그대로, 맛은 새롭게
잡채

남은 잡채 보관법

1 한 김 식힌 후 밀폐용기에 넣어준다.
2 냉장고에 넣어준다.
3 다시 먹을 때는 물을 조금 넣고 살살 볶아준 다음 양념을 살짝 더해 먹는다.

1 추억의 맛에 색다른 맛 추가하기

잡채달걀말이전

흔한 밑반찬 중 하나지만 오늘만큼은 주인공이 될 수 있는 레시피 아이디어!
출출할 때 부담 없이 해먹을 수 있는 반찬 중 하나인 달걀말이에
잡채를 넣어 색다른 맛으로 만들어주었다.

재료

 잡채 50g  달걀 2개

만드는 법

❶
달걀 2개를 곱게 풀어준다.

❷
팬에 달걀물을 붓고 익히다 절반 이상 익으면 잡채를 올려준다.

❸
가장자리부터 돌돌 말아가며 모양을 잡아준다.

❹
먹기 좋은 크기로 잘라준다.

❺
완성! 잡채에 양념이 되어 있기 때문에 따로 간을 하지 않아도 된다.

② 자꾸 손이 가는 매콤한 한 끼 식사

매운잡채밥

큰 손을 가진 엄마의 간장양념이 짭짤한 잡채에 지쳐갈 때쯤 필요한 매콤한 레시피.
매콤한 양념에 볶은 따뜻한 잡채를 밥과 함께 쓱싹 쓱싹 비벼 먹으면
속이 확 풀리는 얼큰한 한 끼 식사 완료! 매운 음식을 좋아하는 사람들에게 특히 추천한다.

재료

   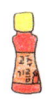

잡채 160g 청양고추 1/2개 굴소스 고추기름 다진 마늘 고춧가루

만드는 법

❶

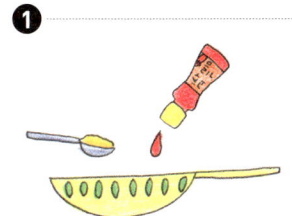

팬에 고추기름 1스푼과 다진 마늘 1스푼을 넣고 볶아준다.

❷

마늘 향이 나기 시작하면 잡채와 굴소스 1스푼을 넣고 볶아준다.

❸

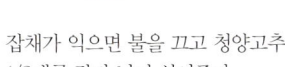

잡채가 익으면 불을 끄고 청양고추 1/2개를 잘라 넣어 섞어준다.

❹

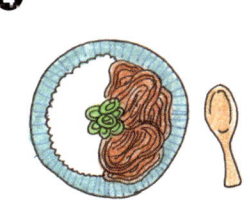

접시에 밥을 담고 매운 잡채를 올리면 완성!

3 잡채의 변신은 무죄
잡채그라탕

한국적인 음식의 대표적인 메뉴 중 하나인 잡채의 이유 있는 변신!
이국적인 소스와 치즈를 듬뿍 넣어 마치 서양 요리 같은 느낌으로 먹을 수 있다.
상큼한 샐러드나 피클과 함께하면 금상첨화!

재료

>>> 잡채 160g   피자치즈

소스

>>> 칠리소스 3스푼   케첩 3스푼   고추장 1/2스푼   핫소스 1스푼   설탕 1/2스푼

만드는 법

❶

잡채에 소스를 버무려 그라탕 그릇에 담아준다.

❷
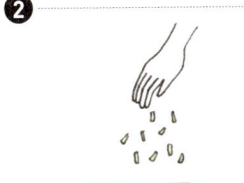
피자치즈를 뿌려준다.

❸

180도 오븐에서 10분간 구워준다.

❹

완성! 오븐이 없다면 전자레인지에서 치즈가 녹을 때까지 돌려준다.

4 네 속을 보여줘!
잡채만두

만두에 당면이 들어간다는 것은 누구나 아는 사실이다.
잡채만 넣으면 약간 모자를 것이라고 생각할 수도 있으나 잡채에 들어간 야채와 고기들이
만두의 맛을 한껏 살려준다. 갓 쪄내 김이 모락모락 올라올 때 먹으면 더욱 맛있다.

재료

 잡채 40g

 만두피 4장

만드는 법

 ❶

식은 잡채를 가위로 잘게 잘라둔다.

 ❷

만두피에 잡채를 적당히 올리고 예쁘게 빚어준다.

 ❸

찜통에 만두를 넣고 30분 정도 쪄낸다.

 ❹

완성! 잡채에 물기를 뺀 두부를 으깨어 넣어도 맛있게 즐길 수 있다.

개떡처럼 말해도 쑥떡같이 알아듣고
굳이 말하지 않아도 내 마음을 헤아리는 사람

명절편

4
꿀떡꿀떡 맛있는 소리
떡

남은 떡 보관법

1 가래떡은 말랑말랑할 때 한 번 먹을 분량씩 나누어준다.
2 비닐랩이나 지퍼백에 싸서 냉동실에 보관해준다.
3 냉동실에 넣어두었던 떡은 찬물에 담가 천천히 해동하거나 끓는 물에 살짝 데쳐준다.

1 오랜만에 맛보고 싶은 그때 그 맛
가래떡맛탕

가래떡을 구워 유자청이나 꿀을 듬뿍 찍어 먹던 기억!
갓 튀겨낸 가래떡에 달달한 소스를 끼얹어 맛탕으로 만들어주니 어릴 적 그 기억이 새록새록 떠오른다.
언제 먹어도 맛있는 달콤한 가래떡맛탕!

재료

>>> 가래떡 130g   견과류 약간   물엿   설탕

만드는 법

❶

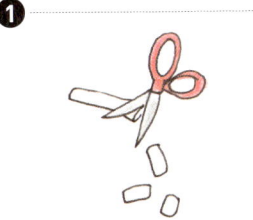

가래떡을 한 입 크기로 잘라준다.

❷

기름을 두른 팬에 가래떡을 바삭하게 튀겨준다.

❸

팬에 설탕 5스푼, 물엿 3스푼, 물 3스푼을 넣고 중간불에서 끓여준다.

❹

시럽이 끓어올라 진득해지면 가래떡과 견과류를 넣고 버무려준다.

❺

완성! 따뜻할 때 바로 먹어야 맛있다.

2 돌돌 말아먹는 간편한 핑거푸드
떡베이컨말이꼬치

베이컨말이 떡 하나, 베이컨말이 토마토 하나!
돌돌 말아 꽂아 만드는 재미가 있고
중간중간 따뜻한 토마토 즙이 입안을 향긋하게 해준다.

재료

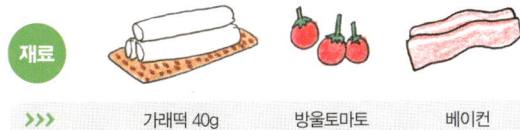

>>> 가래떡 40g   방울토마토   베이컨

만드는 법

❶

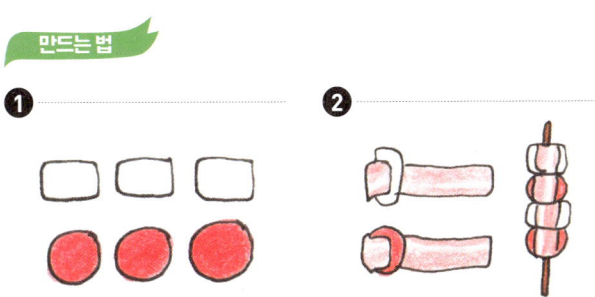

가래떡을 방울토마토와 같은 크기로 잘라준다.

❷

가래떡과 방울토마토에 베이컨을 말아 꼬치에 꽂아준다.

❸

팬에 앞뒤로 노릇노릇 구워준다.

❹

완성! 가래떡과 베이컨만으로 만들어도 맛있다.

3 입안에서 톡 터지는 달콤한 맛
꿀떡 떡볶이

요즘은 고구마나 치즈가 들어 있는 떡도 나오고, 색도 알록달록해서 어린 아이들도 좋아한다.
따로 가공된 떡을 사용하는 게 아니라 꿀떡을 이용해 달콤한 떡볶이를 만들어보는 건 어떨까?
명절이 지나 딱딱해진 꿀떡을 처리하기에도 안성맞춤이다.

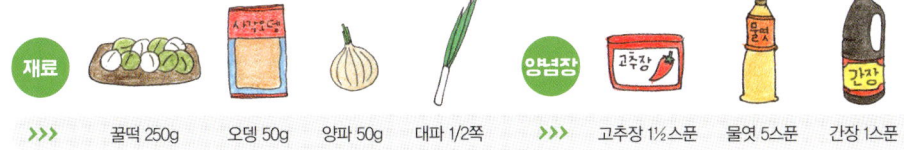

재료	꿀떡 250g	오뎅 50g	양파 50g	대파 1/2쪽
양념장	고추장 1½스푼	물엿 5스푼	간장 1스푼	

만드는 법

1 양파, 대파, 어묵을 한 입 크기로 잘라준다.

2 양념장과 물 1컵을 팬에 넣고 끓여준다.

3 양념이 끓으면 떡과 재료들을 넣고 약한불에서 졸여준다.

4 완성! 명절에 먹고 남은 송편이나 떡국떡을 이용해도 좋다.

1
나의 허기를 달래준 오랜 친구
김떡순

2
더욱 바삭, 고소하게
튀김/어묵

3
눅눅해진 빵의 부드러운 변신
빵

파트 쓰리

주전부리의
색다른 변신

사랑은 친구와 떡볶이를 나누어 먹는 거에요

"사랑은 떡볶이를 친구와 나누어 먹는 거예요."
"사랑은 김밥을 말아 부모님에게 선물하는 거예요."
"사랑은 평소에 안 먹던 순대를
그를 위해 함께 먹어주는 거예요."
분식은 사랑이다.

군것질편

1
나의 허기를 달래준 오랜 친구 김떡순

남은 분식 보관법

김밥
1 공기가 들어가지 않도록 은박지로 꽁꽁 말아준다.
2 실온에 두고 최대한 빨리 먹는다.

순대
1 팩에 넣어 냉장실에 보관한다.
2 다시 먹을 때는 전자레인지에 돌리거나 찜기에 쪄준다.

1 식은 김밥 다시 보기

김밥전

집에서 만드는 김밥은 맛있지만 꼭 남기기 마련이다.
이럴 땐 달걀을 살짝 묻혀 프라이팬에 구워보자.
식감이 부드러워지면서 마치 달걀말이 김밥 같은 색다른 맛을 즐길 수 있다.

재료

김밥   달걀

만드는 법

1

달걀 1개를 풀어 달걀물을 만들어 준다.

2

김밥의 앞뒤에 달걀물을 입혀준다.

3
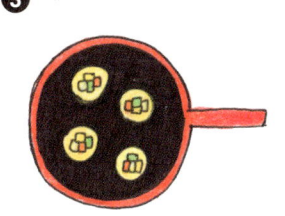
기름을 두른 팬에 노릇노릇하게 구워준다.

4

완성! 김밥이 풀어질 수 있으니 김밥 한 개씩 달걀물을 입혀준다.

2 김밥, 한 그릇 요리로 다시 태어나다

김밥볶음밥

계속되는 김밥 세례에 지쳐갈 때쯤,
김밥을 아주 다른 색다른 한 그릇 요리로 변신시키는 아이디어 요리!
다른 양념이 필요 없이 잘라서 볶기만 하면 되므로 혼자 사는 싱글족들에게 추천한다.

재료

>>> 김밥   다진 마늘 1스푼

만드는 법

❶

남은 김밥을 세로와 가로로 잘라 볶음밥하기 쉽게 만들어준다.

❷

기름을 두른 팬에 약한불에서 다진 마늘을 볶아 향을 내준다.

❸

마늘 향이 나기 시작하면 다진 김밥을 넣어준다.

❹

완성! 김밥에 양념이 되어 있어 따로 양념을 하지 않는 것이 좋다.

나의 허기를 달래준 오랜 친구 - 김떡순

3 혼자서도 맛있게 먹는 매운 양념 볶음밥

떡볶이 볶음밥

매운 음식을 먹으러 가서 남은 양념에 밥을 볶아 먹은 기억, 누구나 있을 것이다.
난 그 양념에 비벼먹는 밥을 유난히 좋아해서 배가 불러도 꼭 시켜먹는 편이다.
떡볶이 양념도 마찬가지, 남은 양념에 밥을 붓고 달걀프라이를 올려 김에 싸서 먹으면 정말 꿀맛!

재료

떡볶이　　익은 김치 30g　　양파 1/4개　　달걀

만드는 법

❶

익은 김치와 양파를 볶음밥용으로 다져준다.

❷

남은 떡볶이 양념에 김치와 양파를 넣고 볶아준다.

❸
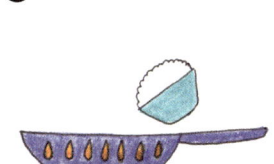
김치와 양파가 절반 정도 익으면 밥 한 그릇을 넣고 섞어가며 볶아준다.

❹

그릇에 올리고 달걀프라이를 올려준다.

❺

완성! 김 가루를 뿌려먹으면 더욱 맛있게 즐길 수 있다.

나의 허기를 달래준 오랜 친구 - 김떡순

4 방금 만든 듯 정성스러운 한 상
순대전 깻잎쌈

남은 순대를 보관하다 보면 왠지 냄새도 날 것 같고 처음 먹을 때보다 맛도 떨어져 고민이 이만저만이 아니다.
그럴 땐 순대에 달걀을 살짝 묻혀 전으로 만들면 냄새도 나지 않고 보통 순대와 다른 구수한 맛이 일품이다.
여기에 향긋한 깻잎을 함께 먹는다면 누가 봐도 방금 만든 새로운 한 상 요리~!

재료

순대 200g　　깻잎　　달걀 1개　　부침가루　　쌈장

만드는 법

1
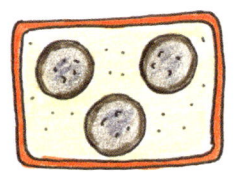
순대에 부침가루를 앞뒤로 골고루 묻혀준다.

2

부침가루를 묻힌 순대에 달걀물을 입혀준다.

3
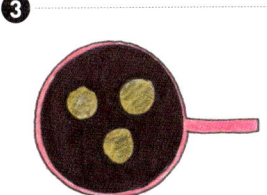
기름을 두른 팬에 앞뒤로 노릇노릇 익혀준다.

4

깻잎에 싸서 쌈장을 찍어 먹는다.

5

완성! 부침가루 대신 밀가루를 사용해도 좋다.

5 순대를 이용한 사소한 레시피

순대볶음

누구나 술안주로 먹어봤을 법한 양념 순대볶음,
순대만 있다면 집에서도 손쉽게 만들 수 있다.
간단한 양념 하나로 평범한 순대에 특별한 맛을 만들어준다.

재료

>>> 순대 200g 양배추 50g 양파 1/3개 청양고추 1개 깻잎 8장 참기름

양념장

>>> 고추장 1스푼 물엿 2스푼 간장 1스푼 맛술 1스푼 다진 마늘 1스푼 고춧가루 1스푼

만드는 법

❶

양배추와 양파를 깍둑 썰어준다.

❷

팬에 양배추와 양파를 넣고 볶아준다.

❸
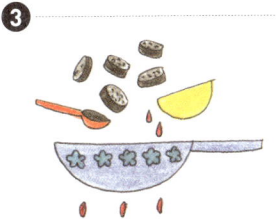
양파가 투명해지면 양념장, 순대, 참기름 1스푼을 넣고 볶아준다.

❹

순대가 잘 익으면 청양고추와 깻잎을 썰어 넣고 섞어준다.

❺

완성! 매운 음식을 먹지 못한다면 청양고추의 양을 조절한다.

나의 허기를 달래준 오랜 친구 - 김떡순

튀김에도 꽃이 핀다.
나에게도 꽃이 핀다.

군것질편

2
더욱 바삭, 고소하게
튀김/어묵

남은 튀김 보관법

1 밀폐용기에 키친타월을 깔아준다.
2 남은 튀김을 넣어준다.
3 다시 먹을 때에는 프라이팬에 데워준다.

1 치맥만큼 매력적인 홈메이드 안주

고구마치즈프라이

패밀리레스토랑의 인기 메뉴 오지치즈프라이에서 아이디어를 얻은 고구마치즈프라이!
고구마튀김을 이용해서 더욱 달달하고 부드러운 맛이 특징이다.
맥주 안주로도 손색 없는 온 가족이 좋아하는 홈메이드 안주!

재료

>>> 고구마 튀김 120g   베이컨 2줄   슬라이스치즈 2장

 만드는 법

❶

고구마튀김을 길게 잘라준다.

❷

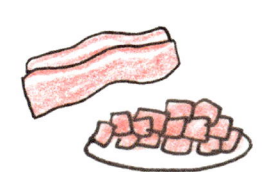

베이컨을 잘게 잘라준다.

❸

그릇에 고구마튀김, 베이컨, 슬라이스치즈를 올리고 오븐에서 구워준다.

❹

완성! 오븐이 없다면 전자레인지에서 치즈가 녹을 때까지 돌려준다.

❷ 간식을 부탁해!
고구마튀김맛탕

집에서 고구마를 튀겨 맛탕을 하려다 보면 아무래도 이래저래 손도 많이 가고 기름 냄새고 부담스럽다.
이럴 땐 이미 맛있게 튀겨진 고구마튀김을 이용해서 손쉽게 맛탕을 만들 수 있다.
소스만 버무려주면 간단히 완성되는 초간단 간식!

재료	시럽
고구마튀김	물엿 3스푼　설탕 5스푼　물 2스푼

만드는 법

1 고구마튀김은 한 입 크기로 잘라준다.

2 팬에 시럽을 넣고 중간불에서 끓여준다.

3 시럽이 끓어올라 진득해지면 고구마튀김을 넣고 버무려준다.

4 완성! 따뜻할 때 먹으면 더욱 맛있게 즐길 수 있다.

3 분식집 튀김의 세련된 변신

크림새우튀김

잘 튀겨진 새우튀김처럼 맛있는 건 없지만, 그 맛을 한 층 더 업그레이드 해줄
궁합이 잘 맞는 소스인 레몬즙을 넣어 더욱 산뜻하고 고소함 가득한 크림소스를 올려주면
향기부터 상큼한 중국식 크림소스 새우튀김 완성!

재료: 새우튀김, 양상추 60g

소스: 마요네즈 3스푼, 꿀 2스푼, 레몬즙 2스푼, 우유 4스푼

만드는 법

❶ 양상추는 먹기 좋은 크기로 잘라준다.

❷ 새우튀김은 기름을 두른 팬에 바삭하게 구워준다.

❸ 그릇에 양상추와 새우튀김을 올리고 크림소스를 뿌려준다.

❹ 완성! 소스만 따로 샐러드 드레싱으로 이용해도 좋다.

더욱 바삭, 고소하게 - 튀김/어묵

4 알록달록 분식점의 추억을 담은 레시피
튀김탕수

어렸을 적 친구네 분식점의 메인 메뉴였던 튀김탕수육!
너무 맛있어서 철없이 친구네 집을 들락날락거리며 원없이 먹어댔던 기억이 있다.
지금은 아무데서도 팔지 않아 가끔은 그리운 맛!

재료

>>> 모둠 튀김 200g   파프리카 1/4개   양파   전분가루

소스

>>> 케첩 1½스푼   간장 1/2스푼   식초 2스푼   설탕 2스푼   물 1컵

만드는 법

❶

모둠 튀김은 기름을 두른 팬에 바삭하게 구워준다.

❷

파프리카와 양파를 한 입 크기로 썰어준다.

❸

팬에 파프리카와 양파를 볶다 절반 정도 익으면 소스를 부어준다.

❹

소스가 끓기 시작하면 전분물(전분 2스푼+물 2스푼)을 넣어준다.

❺

완성! 다른 음식에 탕수소스를 활용해도 좋다.

5 추운 겨울, 쉼이 되어주는 레시피

어묵우동

추운 겨울 두 손을 호호 불어가며 집에 들어왔을 때
꽁꽁 얼어붙은 몸을 내려주는 따뜻한 향기가 있다.
따뜻한 면을 후루룩 들이켜면 왠지 마음까지 녹여줄 것 같은 느낌!

재료

>>> 어묵 · 우동면 1인분 · 쑥갓 · 홍고추 1/2개 · 대파 · 간장 · 가쓰오부시

만드는 법

❶

어묵과 대파, 고추를 어슷 썰어준다.

❷

냄비에 어묵 국물과 물 1컵, 가쓰오부시를 넣고 끓여준다.

❸

국물이 끓으면 가쓰오부시를 걷어내고 우동면을 넣어준다.

❹

면이 익으면 어묵, 대파, 고추를 넣어 끓여준다.

❺

간장으로 간을 맞추고 쑥갓을 올려준다.

❻

완성! 가쓰오부시가 없다면 생략해도 좋다.

너그럽게 현실을 바라볼 수 있는 눈과
바쁠 때 가볍게 한숨 들이쉬고 헤쳐나갈 수 있는 단단함.
그리고 따뜻한 빵과 향긋한 커피 한잔에 진정되는 마음

3
눅눅해진 빵의 부드러운 변신
빵

남은 식빵 보관법

1 비닐봉투나 밀폐용기에 식빵을 넣어준다.
2 냉동실에서 얼려준다.
3 다시 먹을 때에는 전자레인지에 20초 정도 돌려준다.
* 냉동실에서 보관할 때 잘 밀폐하지 않으면 다른 음식물의 냄새가 빵에 흡수되어 안 좋은 냄새가 날 수 있다.

1 마늘빵이 좋아!

마늘바게트

마늘빵, 그 자체만으로도 충분히 매력적이고 중독되는 맛이다.
바게트에 간단하게 소스만 발라 그 맛을 재현해보았다.
집에서 만들어 건강하고, 따뜻할 때 바로 먹을 수 있어 더욱 맛있는 마늘바게트!

재료  바게트

 소스  버터 2스푼 다진 마늘 1스푼 설탕 2스푼  올리브오일 1스푼

만드는 법

❶

바게트를 슬라이스 해준다.

❷

슬라이스 한 바게트의 한쪽 면에 마늘소스를 골고루 펴 발라준다.

❸

180도 오븐에 10분간 구워준다.

❹

완성! 바게트빵 대신 식빵을 사용해도 좋다.

2 밥보다 피자
바게트소시지피자

진짜 피자가 아닌 피자빵, 피자빵이 아닌 피자바게트!
각각의 맛이 다르기 때문에 때에 따라 진짜 피자가 아닌 제과점표 피자바게트가 먹고 싶을 때가 있다.
그럴 때 만들면 딱 좋은 간단한 홈메이드 미니피자!

재료

바게트 40g 　소시지　 양파　 피망　 피자치즈　 스파게티소스

만드는 법

❶

소시지와 양파, 피망을 얇게 슬라이스 해준다.

❷

슬라이스 한 바게트에 스파게티소스를 바르고 야채와 소시지를 올려준다.

❸

피자치즈를 뿌리고 오븐에서 구워준다.

❹

완성! 스파게티 소스 대신 시판용 피자소스나 토마토소스를 사용해도 좋다.

3 파티에 어울리는 정말 쉬운 핑거푸드

식빵부르스케타

핑거푸드라고 해도 어렵고, 부르스케타라고 하면 왠지 어렵고!
누가 보면 어려운 요리로 착각할 수도 있겠지만 알고 보면 참 쉬운 착한 레시피를 가진 부르스케타!
손쉬운 레시피로 상큼한 느낌을 제대로 내보자.

재료

>>> 식빵 2개   토마토 1/2개   파프리카 1/4개   버터   다진 마늘

소스

>>> 올리브 오일 3스푼   레몬즙 1스푼   설탕 1/2스푼   소금 약간

만드는 법

❶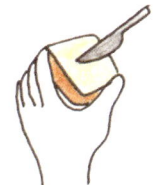

식빵은 한 입 크기로 잘라 한쪽 면에 마늘버터(버터 2스푼 I 다진 마늘 1스푼)를 발라준다.

❷

버터를 바른 식빵에 팬에나 오븐에 살짝 구워준다.

❸

소스에 잘게 다진 토마토와 파프리카를 버무려준다.

❹

구운 식빵에 올려준다.

❺

완성! 샐러드 야채나 치즈를 함께 올려주면 더 맛있게 즐길 수 있다.

4 손이 가요, 손이 가

식빵러스크

남은 식빵을 이용해 정말 손쉽게 만들기 위해 꼭 필요한 레시피.
입이 심심할 때 먹으면 정말 딱 좋은 달콤쌉싸름한 맛.
이상하게 자꾸만 손이 가는 간식, 식빵러스크!

>>> 식빵 3개   >>>   버터 3스푼   설탕 3스푼

만드는 법

❶

식빵을 길게 잘라준다.

❷

자른 식빵의 앞뒤로 소스를 골고루 묻혀준다.

❸
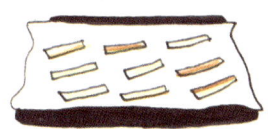
180도 오븐에서 13분간 구워준다.

❹

완성! 오븐이 없다면 기름을 두르지 않은 마른 팬에서 구워도 된다.

5 달콤한 파이 향이 가득한 하루

식빵애플파이

식빵의 정말 제대로 된 변신이라고 할 수 있는 식빵애플파이!
계피를 넣어 진한 향이 나고 사과를 넣어 달콤한 그 맛이 참 사랑스럽다.
베이킹을 한 것은 아니지만 왠지 제대로 파이를 만든 것 같은 보람찬 레시피!

재료

식빵 5개 사과 1/2개 달걀 1개 계피가루 설탕

만드는 법

1 식빵은 테두리를 자르고 밀대로 얇게 밀어준다.

2 팬에 깍둑 썬 사과와 설탕 2스푼, 계피가루 1/2스푼을 넣고 갈색이 될 때까지 졸여준다.

3 식빵을 반으로 적어 줄인 사과를 올린 후 가장자리에 달걀물을 발라준다.

4 반으로 접은 다음 포크로 가장자리를 눌러 모양을 내준다.

5 달걀물을 앞뒤로 발라 180도 오븐에서 18분간 구워준다.

6 완성! 입맛에 따라 설탕의 양을 조절한다.

6 혼자서도 맛있게 먹는 브런치
식빵푸딩

혼자서도 야무지게, 그리고 혼자서도 느낌 있게 먹을 수 있는 손쉬운 레시피!
브런치로도 좋지만 살짝 출출할 때 가벼운 한 끼 식사로도 손색이 없다.
마음까지 채워줄 것 같은 싱글족을 위한 따뜻한 요리!

| 재료 |  식빵 2개 |  견과류 약간 | 소스 |  우유 200ml |  달걀 1개 | 설탕 2스푼 |  계피가루 약간 |

만드는 법

❶

식빵을 적당한 크기로 잘라준다.

❷

그릇에 자른 식빵을 담고 소스를 뿌려준다.

❸

견과류를 올리고 180도 오븐에서 15분간 구워준다.

❹

완성! 아침식사 대용으로도 좋다.

너무 쉬운 그림 요리책
남은 요리 활용 사전

초판 1쇄 발행 2014년 10월 10일

지은이 김미주
사진 민천원
펴낸이 이지은
펴낸곳 팜파스
기획·진행 이진아
편집 정은아
디자인 (주)ALL design group
마케팅 정우룡
인쇄 (주)미광원색사

출판등록 2002년 12월 30일 제10-2536호
주소 서울시 마포구 어울마당로5길 18 팜파스빌딩 2층
대표전화 02-335-3681
팩스 02-335-3743
홈페이지 www.pampasbook.com | blog.naver.com/pampasbook
이메일 pampas@pampasbook.com | pampasbook@naver.com

값 13,000원
ISBN 978-89-98537-65-4 13590

ⓒ 2014, 김미주

- 이 책의 일부 내용을 인용하거나 발췌하려면 반드시 저작권자의 동의를 얻어야 합니다.
- 잘못된 책은 바꿔 드립니다.

이 도서의 국립중앙도서관 출판시도서목록(CIP)은 서지정보유통지원시스템 홈페이지(http://seoji.nl.go.kr)와 국가자료공동목록시스템(http://www.nl.go.kr/kolisnet)에서 이용하실 수 있습니다.(CIP제어번호: CIP2014025628)」